B2B Social Media Marketing

Erfahrungswerte und Best Practice

Impulse zur direkten Umsetzung

Thomas W. Frick

Vorwort

Wie nutze ich die Neuen Medien für mein Unternehmen und erziele durch den Einsatz von Social Media nachhaltige und messbare Erfolge?

Auch im B2B Bereich sind die Neuen Medien nicht mehr wegzudenken. Bei der Nutzung kommt es nicht auf das WAS sondern WIE an, hierfür sind eine Vielzahl von Erfolgsfaktoren entscheidend.

Mit diesem Ratgeber geben wir Ihnen einen Einblick in unsere bisherigen Erfahrungen aus unserer über 15 jährigen B2B Social Media Marketing Praxis. Neben einer Wissenssammlung und Erfahrungswerten, erhalten Sie wertvolle Tipps zur direkten Umsetzung.

Viel Erfolg wünscht Ihnen Ihr

Thomas W. Frick

Inhalt

1. B2B Marketing im Social Media Bereich – Wie geht das?

B2B Marketing – Erfahrungswerte

Bei der Bewertung, ob B2B Marketing im Social Media Bereich tatsächlich funktioniert, scheiden sich die Geister – oft aufgrund der gemachten Erfahrungen, die in aller Regel negativ sind. Am Anfang stehen meist motivierte Versuche und ein hohes Pensum an investierter Zeit. Wer daraus keinen messbaren Erfolg generiert, ist natürlich frustriert und glaubt nicht mehr daran, dass die sozialen Medien ihm helfen können, Geschäftskunden zu gewinnen. Dann gibt es noch diejenigen, die es gar nicht erst versuchen, da die sozialen Medien eher böhmische Dörfer für sie darstellen und sie diese als Trend abtun, der vorbeigehen wird. Der jedoch am häufigsten gemachte Fehler ist der des Aktionismus: Bevor der Unternehmer sich klar ist, wen genau er überhaupt wie ansprechen will, postet er in der Hoffnung, dass schon etwas dabei herauskommen wird.

„...wenn Sie mich auf einen Fehler festnageln, dann ist es der oft praktizierte Aktionismus, durch das kurzfristig vorausgedachte Vorgehen ohne Strategie, Plan, Zielgruppe und Story."

(Zitat von Thomas W. Frick
aus dem Interview mit dem Social Media Magazin)

4 Tipps für eine erfolgreiche B2B Marketing Strategie im Social Media Bereich

Die erste Empfehlung ist, nicht jede Praktik, die im Bereich des B2C Marketing funktioniert, 1:1 auf die B2B Marketing Strategie zu übertragen. Am Beispiel Facebook lässt sich konstatieren, dass dieses oft zur schnellen Aufmerksamkeitsgewinnung genutzt wird, indem man Unterhaltung bietet, dies hat jedoch keinen nachhaltigen Effekt und schädigt unter Umständen sogar das Image des Unternehmens. Ganz allgemein sollte man darauf achten – gerade beim B2B Marketing – immer auch Mehrwerte zu liefern und nicht im Sinne des Clickbaiting reißerische Überschriften zu entwerfen, hinter denen sich kein wirklicher Inhalten verbirgt. Die Devise: „Content is King" gilt im schnelllebigen World Wide Web mehr denn je, da der Nutzer schon allzu oft von vielversprechenden Überschriften enttäuscht wurde.

Die zweite Empfehlung ist der Rollentausch: Versuchen Sie, sich in die Person, die Sie ansprechen möchten, hineinzuversetzen: Zu welcher Uhrzeit möchte diese welche Informationen erhalten? Will man nach Feierabend zu später Stunde noch Fachartikel lesen? Noch einmal generell gesprochen: Zu welcher Zeit ist das Gegenüber am besten in der Lage welche

Informationen aufzunehmen? Am frühen Morgen beim ersten Kaffee muss man unter Umständen noch in die Gänge kommen und abends ist man womöglich schon zu müde. Natürlich hat jeder Mensch einen anderen Tagesrhythmus und unterschiedliche Zeiten, zu denen er bestimmte Informationen am Besten verarbeiten kann, dies hängt auch vom Tätigkeitsfeld und der Branche des Gegenübers ab. Auch wenn das auf den ersten Blick schwammig wirken mag – schließlich können Sie sich nicht in alle Ihrer potentiellen Kunden hineinversetzen – lohnt es sich durchaus, sich im Vorfeld darüber Gedanken zu machen.

Die dritte Empfehlung besteht darin, vermeintlich gewinnbringende Ratschläge von „Social Media Gurus" kritisch zu beleuchten. Oft dienen diese nur dazu, ein bestimmtes, von ihnen vermarktetes Tool an den Mann zu bringen. Generell sollten Sie sich in Acht nehmen, sobald Ihnen durch die Nutzung eines einzigen Tools ein sehr schneller Erfolg versprochen wird, der sich in Zahlen ausdrücken lässt. Im Internet – gerade im Bereich des B2B Marketing – ist Vertrauen von entscheidender Bedeutung. Denn nur weil die mediale Welt schnelllebiger wird, wird es nicht automatisch auch der Vertrauensaufbau, im Gegenteil: Wir sehen uns täglich mit so vielen Werbebotschaften konfrontiert, dass unsere Skepsis eher wächst. Man sollte also immer Zeit einplanen und nicht auf einen Erfolg über Nacht hoffen, sonst verliert man die Glaubwürdigkeit, die es gilt aufzubauen.

Die vierte und vielleicht wichtigste Empfehlung ist, den eigenen Marketing-Mix ganzheitlich zu betrachten und die Social Media Aktivitäten entsprechend in diesen zu integrieren, statt das „klassische" und das „neue" getrennt voneinander zu betrachten. Zudem müssen sowohl klassische

als auch moderne Maßnahmen taktisch in den Vertrieb mit eingebunden werden – andernfalls lassen sich auch keine messbaren Erfolge erzielen. Eines vieler Erfolgsbeispiele aus dem eigenen Unternehmen, ist das Erreichen eines Konzernentscheiders, der auf klassischem Wege sehr wahrscheinlich nie zu erreichen gewesen wäre. Durch die B2B Marketing Maßnahmen im Social Media Bereich wurde der Erstkontakt hergestellt, der darin resultierte, dass dieser uns sogar seine Handynummer überließ. Ein weiterer Kunde konnte mittels eines Projektes 1000 Kontakte in seiner Zielgruppe gewinnen und erreichte dadurch so viel Bekanntheit, dass er jetzt zu Vorträgen eingeladen wird und natürlich auch

Aufträge an Land zieht.

2. Sind die neuen Medien so scharf wie ein Messer?

Kennen Sie das Beispiel mit dem Messer? Das Messer hat positive Eigenschaften – es kommt nur darauf an wie es angewendet wird.

„In der digitalen Welt schneidet sich die Mehrheit selbst ins eigene Fleisch!"
(Zitat Thomas W. Frick)

Voller Euphorie für das neue scharfe Messer (digitale Medien), ist die Hoffnung nach dem „schneller-weiter- höher-Effekt" groß. Doch schon nach kürzester Zeit werden viele digitale Akteure auf den Boden der Tatsachen zurückgeholt. Selbst erfahrende Nutzer der digitalen Medien gestehen sich mittlerweile ein, dass es sich bei der Digitalisierung doch nur um ein Messer handelt und es nicht darauf ankommt es zu nutzen, sondern wie man es genau einsetzt.

4 wichtige Fragen im Bezug auf die Neuen Medien

Mit dem Internet wird alles schneller und einfacher. Im Folgenden erhalten Sie wertvolle Informationen und unsere Best Practice zu den wichtigsten Fragen im Bereich der Neuen Medien.

1.) Wie sieht es mit dem Vertrauen der Menschen aus?

Ein ernsthaftes Vertrauen gegenüber einer Person aufzubauen, der man noch nicht in der realen Welt begegnet ist, das ist sicherlich nicht die einfachste Aufgabe und wird mit zunehmender Digitalisierung, welche Automatismen, Pauschalierungen und Oberflächlichkeit zur Folge haben nicht gerade einfacher. Es gibt jedoch Mittel und Wege, wie Sie der immer größer werdenden Schubladengefahr entkommen können. Das wichtigste ist: bleiben Sie menschlich.

2.) Gibt es neue Gesetze?

Es gibt neue Gesetze – ganz klar. Damit meinen wir jedoch nicht nur die Internet-, Datenschutz- und Medienrechte, sondern viel mehr, das allseits als „Stallgeruch" bekannte Gesetz, die Sie durch Erfahrungen lernen können, da es sich oftmals um nicht geschriebene Gesetze handelt. Viel wichtiger ist darauf aufmerksam zu machen das alte Gesetze bei der digitalen Kommunikation mehr ins Gewicht fallen, als sich z.B. die innovativen und modernen Menschen vorstellen können.

3.) Helfen Ihnen digitalen Soft Skills mit den diversen Medien umzugehen?

Dos and Don'ts – davon gibt es reichlich. Nicht nur rechtliche sondern auch menschliche Barrieren. An dieser Stelle greifen wir gerne auf das Pareto-Prinzip zurück. Zahlreiche Beispiele zeigen gewichtet, dass 80% die digitale Medien mit Philosophien aus dem klassischen Marketing nutzen – was nicht zu 100% falsch jedoch auch nicht richtig ist. Wir beobachte immer wieder wie die digitalen Akteure genau das Gegenteil erreichen, was eigentlich das Ziel war. Das gemeine daran – die Freunde, Bekannte und Geschäftspartner sagen es in der Regel nicht, da die Kommunikation auf folgender ersten Ebene dieser Kommunikationspyramide zum stehen kommen.

4.) Was sind digitale Fallen?

Ja, die Fallenkonstrukteure der neuen Medien waren fleißig. Zum einen mussten wir schon die Erfahrung machen, dass nicht jeder virtuell dargestellte Mensch wirklich existiert, leider auch durch Todesfälle im Bekanntenkreis, wo das Profil noch mehrere Jahre danach online war. Wir gehen an diesem Punkt auch nicht auf die in den Medien allseits thematisierten Gefahren ein, einem Verbrecher
zum Verhängnis zu werden. Eine der größten Fallen ist die Zeitfalle und ja, auch ein gewisser Suchtfaktor. Hierfür gibt es Strategien und Tools die Ihnen dabei helfen, Ihr wertvollstes Gut zu

schützen.

3. Im Vergleich: Social Media Marketing für B2C- und B2B-Unternehmen

Schon lange etablieren sich B2C-Unternehmen in

sozialen Netzwerken wie Facebook, Twitter oder auch Google+ um ihre Kunden dort zu erreichen, wo sie sich aufhalten. Neuigkeiten können auf diesen Plattformen sehr schnell und einfach verbreitet werden. Doch auch für B2B- Firmen wird Facebook und Co. immer interessanter.

Die Präsenz in Netzwerken kann wesentliche Vorteile generieren und wird sich in diesem Bereich langfristig auch auszahlen. Klar, die Produkte von B2B-Unternehmen lassen sich nicht mit denen von B2C-Firmen vergleichen. Der große Unterschied ist, dass im B2B-Bereich wesentlich mehr Feingefühl für die geeigneten Inhalte aufgebracht werden muss, da die Dienstleistung möglicherweise nicht für jeden Social-Media-Benutzer interessant erscheint. Die auf den Portalen publizierten Inhalte sollten dennoch die breite Massen ansprechen, damit sie entsprechend gerne und oft geteilt werden. Der Verkaufsweg im Realtime Marketing ist im B2B-Bereich um einiges aufwendiger.

Die entscheidenden Unterschiede zwischen B2B- und B2C-Marketing

Die Bedeutung von gutem Content-Marketing (Kommunikationsstrategie zur Bekanntheitssteigerung, zur Kundengewinnung und zur Imageverbesserung) ist nicht hoch genug einzuschätzen. Während es im B2CBereich eher um emotionale Werbemaßnahmen geht, die das persönliche Interesse des Lesers wecken sollen, stehen bei B2B sachliche und informative Inhalte im Vordergrund. Es geht hauptsächlich um verwertbare Informationen, Fakten und Statistiken. Je nach Zielgruppe sind die veröffentlichten Inhalte entsprechend anzupassen. Von B2C-Unternehmen werden oft Geschichten erzählt, um die Begehrlichkeit zu wecken.

Auch bei B2B kann eine gute Geschichte von Vorteil sein, allerdings sollte sie in diesem Zusammenhang auf konkrete Fakten beruhen (z. B. Infografiken oder Referenzen). Dadurch wird die Nachricht überzeugender und der Kunde bekommt handfeste Informationen, die er gegebenenfalls auch in seiner Firma vorzeigen kann. Anders als beim B2C läuft im B2B-Geschäft das Content-Marketing eher linear und geradlinig. Das Produkt oder die Dienstleistung erfüllt einen bestimmten Zweck und ist deshalb interessant für andere Firmen. Im B2B-Bereich sollte die durch soziale

Medien erreichte Aufmerksamkeit genutzt werden, um mit wirklich informativen und überzeugenden Inhalten die Zielgruppe anzusprechen. Die Kombination aus richtigem Content, für die richtige Zielgruppe führt schließlich zum Erfolg. Im B2B-Bereich gibt es natürlich auch viele Konkurrenten, die allerhand Lösungen für Probleme anbieten. Alleine eine Lösung für ein Problem anzubieten wird daher zur Selbstverständlichkeit. Die Kunst dabei ist, vertrauenswürdiger und fachlich versierter als die Konkurrenz zu erscheinen. Daher ist es wichtig den B2B-Content zu nutzen, um das Unternehmen als Marke zu präsentieren. Dadurch wird der Verbraucher das Unternehmen als Referenz wahrnehmen.

Ist Social Media Marketing für mein B2B-Unternehmen geeignet?

Im B2C-Geschäft werden in der Regel spontane, lustige Fotos zu aktuellen Anlässen oder überzogene Darstellung veröffentlicht um möglichst hohe Aufmerksamkeit zu erlangen. Oft wird auch versucht den Beitrag der Konkurrenz zu toppen.

Dies steht im B2B-Bereich nicht im Vordergrund. Hier geht es vielmehr um authentisches und professionelles Auftreten. Ihr Unternehmen sollte sich in der sozialen Welt menschlich und aufgeschlossen zeigen. Aktualität spielt trotzdem eine wichtige Rolle, denn im Internet sind meist nur die aktuellen Themen und Produkte interessant. Ebenso ist die Reaktionszeit, zum Beispiel bei Fragen, von großer Bedeutung. Kein Kunde möchte lange auf eine Antwort warten und erwarten eine möglichst schnelle und ausführliche Reaktion.

Mein Unternehmen in sozialen Netzwerken richtig präsentieren

Der Einstieg in ein professionellen Auftritt ins Social Media Marketing ist auf vielen Wegen möglich und mit ein paar wichtigen Tricks lässt sich der Charakter des Unternehmens werbewirksam darstellen. Mit einem Account bei Facebook oder Twitter kann unter anderem die Kundenbeziehung im B2B-Bereich verbessert werden. Die Kunden können sich nicht nur einfach und schnell über aktuelle Themen und Neuigkeiten des

Unternehmens informieren, sondern bekommen auch die neuesten Nachrichten direkt in der Übersicht angezeigt. Darüber hinaus wird sich ein Facebook- oder Twitter-User auch mit dem Auftritt auf dieser Plattform verbinden (liken) vor allem wenn er von einem Produkt der Firma begeistert ist. Dadurch werden wiederum sogenannte „Backfollower" aufmerksam, wodurch sich ein Netzwerk zwischen mehreren Unternehmen aufbauen lässt. Um die Kampagne im Laufe der Zeit zu optimieren, sollte jede Gelegenheit genutzt werden, um von potenziellen Kunden Feedback einzuholen. Herausforderungen bei Facebook, Twitter und Co.

Oft stehen B2B-Firmen vor der Herausforderung in sozialen Netzwerken Neukunden zu gewinnen und anzusprechen. Die Gefahr dabei ist, die Kunden mit Anfragen oder Angeboten zu nerven, wenn man direkt in den Kontakt geht. Daher sind neue und innovative Ideen gefragt um die Interesse der zukünftigen Kunden zu wecken. Einfache Verkaufsangebote werden die potenziellen Kunden auf Dauer langweilen und nicht zum gewünschten Erfolg führen. Hierbei ist vor allem Kreativität gefragt. Der Aufwand für ein interessantes Bild, eine Infografik oder gar ein Video wird sich hinsichtlich der Aufmerksamkeit lohnen. Grundsätzlich ist es auch ratsam die Nachricht nicht wie eine Pressemitteilung aussehen zu lassen, sondern eher nett aufbereitet und direkt auf die Kunden anzupassen um die Kundenbeziehung aufzubauen.

Die Zukunft von B2B im Social Media Marketing

Die B2B-Unternehmen etablieren sich schon seit längerer Zeit in sozialen Medien und entdecken Ihre Möglichkeiten in diesem Bereich. Die Vorteile gegenüber der eigenen Website liegen auf der Hand. Man verwendet eine weitere Plattform die zunächst für die Erstellung und Präsentation der eigenen Inhalte kostenlos ist. Wenn man schnell eine größere Reichweite erhalten möchte, lassen sich durch bezahlte Werbemaßnahmen in kurzer Zeit weitaus mehr User erreichen. Dies wird vor allem bei Start-Up-Unternehmen genutzt um schnell an Bekanntheit zu gewinnen. Letztendlich ist eine Chance für B2B-Firmen, die Philosophie von Social Media Marketing für sich zu nutzen. Dabei können Aspekte des Vertriebs, des Personal-Marketing oder auch den Markenaufbaus die übergeordnete Rolle spielen. Themen-Blogs, Fachforen und die Portale sind die wichtigen Kanäle im Social Media Marketing für B2B-Unternehmen.

4. Die neuen Medien: „Kein entweder oder – der Mix machts"

Die Neuen Medien – Welcher Mix ist der richtige für mich?

An der Aktualität der Relevanz der Neuen Medien hat sich bis heute nichts geändert. Während die Einen meinten, „dieses Facebook" oder noch viel schlimmer „dieses Twitter" – was soll man damit überhaupt anfangen?! – würden irgendwann wieder verschwinden und den Platz für die Klassiker der

Szene räumen müssen, haben die Anderen schon längst erkannt: Dieses Facebook geht nicht mehr weg. Es ist kein flüchtiger Trend, der bald kränkelt und kurz danach wieder in der Versenkung verschwindet. Es ist einer dieser Trends, der bleibt und auch noch Trittbrettfahrer anzieht, die auf den Zug Neuen Medien in Form sozialer Netzwerke aufspringen. Spätestens jetzt sollte auch der hartnäckigste Skeptiker aufgewacht sein und sehen: Ich muss etwas tun. Sonst hängt meine Konkurrenz mich ab.

Die Neuen Medien – Ein alter Hut, der bleibt

Die Neuen Medien sind ein alter Hut, den man nicht einfach ausrangieren kann. In einer schnelllebigen

Zeit stetigen Wandels sind die Neuen Medien zu einer Konstante geworden, die uns und unseren Alltag fortwährend begleiten. Erst Recht, seitdem Responsive Design in aller Munde ist und jeder darum bemüht ist, seine Website auch auf mobilen Endgeräten korrekt darstellen zu lassen, wenn er nicht gar bereit ist, eine eigene App entwickeln zu lassen. Der Markt hat erkannt: Nicht nur die Neuen Medien sind äußerst wichtig, auch deren optimale Integration in mobile Endlösungen ist Bestandteil des Trends. Warum sonst hat Google so viel Mühe darin investiert, jetzt *auf jedem* mobilen Endgerät korrekt dargestellt zu werden?

Die Neuen Medien bleiben – die Zweifel auch

Selbst wenn auch die letzten Skeptiker sich nun dazu durchgerungen haben die Neuen Medien als integrativen Bestandteil der modernen Welt zu akzeptieren, der damit auch zu einem kritischen Faktor für Ihr geschäftliches Dasein wird, bleiben die Zweifel: Was sollen wir tun? Wie sollen wir es tun? Und wie viel Zeit sollen wir in das Ganze stecken? Schließlich gibt es mannigfaltige Wege, die Neuen Medien für sich zu nutzen. Neben dem Klassiker der Website gibt es natürlich die sozialen Netzwerke wie Facebook, Twitter und Co., dann noch den E-Commerce in Form von Online-Shops, Blogs, Foren, Social-Sharing-Plattformen. Die Möglichkeiten scheinen unbegrenzt. Sie sollten jetzt jedoch nicht in Panik verfallen und in einem verzweifelten Rundumschlag Hals über Kopf all diese Möglichkeiten ausschöpfen. Wir raten dazu, die eigene Zielgruppe so genau wie möglich zu definieren.

Tipp zur Zielgruppenerschließung in den Neuen Medien

Um Ihre Zielgruppe so genau wie möglich zu definieren empfiehlt es sich, individuelle Profile von „Beispiel-Konsumenten" zu erstellen. Dass man so etwas wie eine Zielgruppe hat und diese mal mehr, mal weniger homogen zusammengesetzt ist, wissen Sie mit Sicherheit. Aber Kennziffern wie Alter, Geschlecht und Region sind nicht alles. Erstellen Sie Profile zu diesen doch sehr allgemein gehaltenen Informationen. Ein Beispiel: Ich produziere Kosmetikartikel und habe zwei verschiedene Linien, eine für jüngere, eine für ältere Konsumenten. Im Vorfeld muss ich mich natürlich fragen, was deren Geruchssinn am ehesten anspricht und wie Gestaltung und Farbgebung der Verpackung kommunizieren, dass das eine Produkt eine 50-, das andere eine 15-jährige ansprechen soll. Bei der Preispolitik muss ich neben den Produktionskosten berücksichtigen, was meine Zielgruppe bereit ist

auszugeben bzw. aufgrund der wirtschaftlichen Faktoren überhaupt ausgeben kann. Wenn das geklärt ist, muss das Bild noch lebendig gemacht werden. Die 16- jährige Anita ist ein „klassisches" Mädchen. Sie mag die Farbe rosa und der süßlich-florale Duft meiner Kosmetiklinie spricht sie an. Aber ich bin natürlich nicht die Einzige, die weiß, wie man diese hart umkämpfte Zielgruppe anspricht, das Regal ihres Lieblings-Drogeriemarktes ist voll solcher Produkte. Wie also bringe ich Anita dazu *mein* Produkt in Betracht zu ziehen, gerade wenn ich noch kein alteingesessener, prestigeträchtiger Kosmetikhersteller bin. Ich muss mich fragen: Wo treibt Anita sich herum, wenn sie nicht gerade vor den Regalen ihres Lieblings-Drogeriemarktes steht. Einen nicht unerheblichen Teil ihrer Zeit verbringt sie vermutlich im Internet. Aber *wo* im Internet ist sie unterwegs, welche Plätze in den Weiten des World Wide Web ziehen Anita an? Ist es nur Facebook oder auch Twitter, Snapchat, Instagram oder Periscope? Welche dieser Kanäle nutzt sie aktiv und wie genau nutzt sie diese? Halten Sie Ihre Ideen hierzu in einem Brainstorming fest und schauen sich die Nutzerzahlen aller in Frage kommenden Netzwerke an. Ihr Profil wird immer plastischer und kann mit Hilfe qualitativer Marktforschung weiter spezifiziert werden. Am Ende entsteht daraus Ihr individuelles „Media Mix"-Profil, in dem neben klassischen Maßnahmen nun auch die für Sie relevanten Online-Kanäle auftauchen.

Die Neuen Medien – Individualität schlägt Masse

Das Validieren, welche Kanäle überhaupt für Sie in Frage kommen, hat natürlich schon Zeit gekostet. Es ist jedoch ein Zeiteinsatz, den es sich lohnt zu investieren, da Sie so schon zu Beginn wissen, welche Plattformen Sie überhaupt in Betracht ziehen müssen. Jetzt müssen Sie sich daran machen,

diese Plattformen adäquat zu bespielen. Hierbei ist das *Wie* am Entscheidendsten. Während bei der klassischen Werbung vor allem die Masse zählt, ist im Falle der Neuen Medien die richtige Nutzung das ausschlaggebende Kriterium. Neben der Imagesteigerung kann man mit ihnen auch den Bekanntheitsgrad des Unternehmens steigern und Neukunden gewinnen – man muss die Likes und Herzchen nur richtig zu nutzen wissen und schlussendlich die Brücke zur realen Welt – dem Vertrieb – zu schlagen. Was dabei von großer Bedeutung ist, ist, dass Sie auch in der virtuellen Welt stets glaubwürdig und authentisch bleiben.

Denn hinter den anonymen Profilen auf den verschiedenen Plattformen verbergen sich ja immer noch echte Menschen wie unsere Anita. Ein Umstand, den man leicht mal vergessen kann in Anbetracht der Allgegenwärtigkeit und Anonymität der Online-Welt.

5. Wie Sie Ihr Unternehmensnetzwerk nachhaltig ausbauen!

Wie sagte Henry Ford so schön?

„Zusammenkommen ist ein Beginn, (1. Phase)

Zusammenbleiben ein Fortschritt, (2. Phase)

Zusammenarbeiten ein Erfolg" (3. Phase)

Social Networking oder auch auf deutsch gesagt, über das Internet auf diversen Plattformen Kontakte anbahnen, ist in den letzten Jahren zum Trend geworden. Doch wie so oft kommt es nicht auf DAS (man es macht), sondern auf WIE (man es macht) an. Experten sprechen von einer bevorstehenden Social Media Trägheit, weil viele in den letzten Jahren keine nachhaltigen Erfolge erzielt, und die obigen drei Phase nicht erreicht haben.

Viele kommen über den Status Kontaktesammeln nicht hinweg. Vor lauter Quantität leider die Qualität. Der Kontatkesammler wird sehr oft als „Hans Dampf in allen Gassen wahrgenommen, was dem Image nicht dienlich ist.

Gehen Sie wählerisch vor!

Klicken Sie sich nicht einfach schnell „hoppla-hopp" Ihr Netzwerk zusammen sondern gehen Sie strategisch vor, indem Sie nur in Kontakte investieren, bei denen Sie ernsthafte

Synergiepotenziale erkennen.

Suchen Sie den persönlichen Kontakt!

Belassen Sie es nicht nur beim virtuellen Kontakt, denn dieser ist meistens nicht nachhaltig. Ergänzen Sie bestenfalls den Kontakt mittels der vielfältig angebotenen Events. Nutzen Sie zur Korrespondenz und Kontaktpflege mit den virtuellen Kontakten auch Ihre Tasten am Telefon.

Sieben Sie aus!

Die obige Phase 2 erreicht? Herzlichen Glückwunsch. Sie haben nach 3 Jahren immer noch einen virtuellen Kontakt in Ihrer Kontaktliste? Wenn sich in 3 Jahren noch nichts entwickelt hat, wie hoch ist die Wahrscheinlichkeit das der Kontakt in Zukunft aktiv wird? Sparen Sie sich Zeit und gewinnen Sie Transparenz, indem Sie nur aktive Kontakte in Ihren Kontaktlisten haben, aber auch pflegen.

6. Vertrauen aufbauen – drei Erfolgsbeispiele für erklärungsbedürftige Dienstleistungen und Produkte

Eine der einfachsten und ehrlichsten Formen um Vertrauen aufzubauen ist es, auf die Menschen individuell einzugehen, sie wert zu schätzen und dabei authentisch zu bleiben. Auch in uns ist es stets wichtig, nicht nur darüber zu berichten was aus unserer Sicht von besonderer Relevanz ist, sondern darüber zu schreiben, was die Mitglieder unserer Fachforen interessiert. So fragen wir regelmäßig, welche Themen für sie von hoher Bedeutsamkeit sind und bieten an über den jeweiligen Themenwunsch zu schreiben. Nach Eingang unterschiedlicher Wünsche haben wir die Fragen nach

Themen priorisiert, über die wir bereits berichtet haben und zu welchen Themen wir aktuelle Praxisbeispiele mit ihnen teilen können. Wie bei diesem Themenwunsch aus unserem Leserkreis:

„Ich habe Ihre Beiträge hinsichtlich Social Media im B2B-Umfeld gelesen, bin jedoch noch etwas skeptisch ob Ihre Empfehlungen auch für uns, als Anbieter von erklärungsbedürftigen und komplexen Studien, umsetzbar sind. Mögliche Auftraggeber haben oft langjährige Geschäftsbeziehungen und stetig kommen neue Anbieter auf den Markt die oft genauso schnell wieder verschwinden. Das macht die Vertrauensgewinnung nicht gerade einfach!..."

Vertrauen in der Social-Media Welt aufbauen - Drei ausgewählte Beispiele

Die folgenden drei Erfolgsbeispiele zeigen auf, dass sich ein Social-Media Engagement auch für erklärungsbedürftige Produkte und Dienstleistungen lohnt:

1.) Projektbeispiel „Ausdauer führt zu einer langen Haltbarkeit"

Nach über 7 Jahren rein virtueller Vernetzung, nahm ein Forenmitglied, aus über 300 km Entfernung, erstmals den persönlichen Kontakt zu uns auf, um sein Marketing auf den Prüfstand zu stellen.

Ein weiterer Beleg für die Nachhaltigkeit unserer Online-Aktivitäten ist, dass die Reaktionen aufgrund unserer Online- Ansprache auch bis zu zwei Jahren später noch eintreffen. Hätte man im Vergleich einen Werbebrief per Post versendet, so kann man sich gewiss sein, dass 2-4 Wochen nach Versand, keine Reaktionen mehr kommen.

Im Internet herrscht zwar eine Informationsflut, jedoch finden wir auch hier Wege die nachhaltig sind und Wirkung zeigen mit langfristigen Response-Quoten.

2.) Projektbeispiel „Virtuelle Weiter-empfehlungen"

Uns erreichte ein Anruf mit den einleitenden Worten *„Ihr Unternehmen ist uns empfohlen worden."* Da uns die Erfolgsmessung der Internetaktivitäten und Marketing-Maßnahmen sehr wichtig ist und nicht nur über Internet- Monitoring erfolgen sollte, hinterfrage wir grundsätzlich sehr genau was zur Kontaktaufnahme geführt hat. Auf die Frage von wem die Empfehlung stammt, wurde ein Name genannt, der unserem Geschäftsführer zwar bekannt vorkam, jedoch nicht zu seinen persönlichen Kontakten gehörte. Ein halbes Jahr später haben wir den Empfehlungsgeber auf einer Veranstaltung getroffen und uns für die Empfehlung bedankt und gefragt, was ihn dazu bewegt hat, die Weiterempfehlung auszusprechen. Die Antwort war simple und einfach: *„Herr Frick an Ihnen führt ja kein Weg vorbei. Sie sind ja fast jede Woche auf meinem Bildschirm und da Sie Ihre Kompetenzen bei unserem Small-Talk vor drei Jahren untermauern konnte, habe ich Sie weiterempfohlen."*

In einem weiteren Fall war es ein Workshop-Teilnehmer, der uns an seinen Kunden weiterempfohlen hat. Auch in diesem Fall, kannte uns die empfehlende Person nur flüchtig – ein irrsinniges Potenzial wenn man es ausschöpft, und durch das erfüllte Ziel *„Zur richtige Zeit in die Köpfe der richtigen Personen zu gelangen"*, erklärbar.

3.) Projektbeispiel „Kompetenz-Marketing"

Immer wieder werden wir gefragt, warum wir keine Referenzen auf unserer Internetseite stehen haben.

Von namhaften Unternehmen bis börsennotierte Firmen, jedoch auch kleine und mittlere Unternehmen haben wir eine große Branchen-Bandbreite, die jedoch immer drei Gemeinsamkeiten haben:

1. Erklärungsbedürftige Produkte und

Dienstleistungen

2. Zeitintensive Entscheidungsprozesse die ein strategisches Vorgehen erfordern

3. Das Ziel Geschäftskunden zu gewinnen (B2B-Zielgruppen)

Da sich ein Optimierungsbedarf im Vertrieb direkt auf den Unternehmenserfolg auswirkt und wir grundsätzlich vertrauensvoll mit den Informationen unserer Mandanten umgehen, haben wir uns gegen Referenzanfragen- und Nennungen entschieden. Solange wir nachfolgende Kundenanfragen erhalten, die unsere strategische Ausrichtung stetig bestätigen, müssen wir auf den Klassiker, um Vertrauen aufzubauen nicht zurückgreifen. Über eine unserer Landing-Pages haben wir folgende Anfrage erhalten:

„Sehr geehrte Damen und Herren, wir sind ein über 100-jähriges Unternehmen mit über 150 Mitarbeitern und möchten unser Marketing auf den Prüfstand stellen. Bitte nehmen Sie mit uns Kontakt

auf."

Da wir zur damaligen Zeit keinen eigenen Vertrieb hatten, wurde der Rückruf zur Chefsache und erneut begann die Suche nach der Wurzel der Kontaktanfrage. Da wir aus Effizienzgründen nicht jeden unserer Social-Media Kontakte in die CRM-Datenbank aufnehmen, wusste unser Geschäftsführer zu Beginn des Telefonates nicht, dass es sich bei der Anfrage, um einen langjährigen Leser unseres Blogs handelte. Dies teilte der Geschäftsführer ihm während des Telefonats mit und verwies darauf, dass die Fachartikel und Beiträge ihn davon überzeugt hätten, dass er der richtige Mann, für seinen aktuellen Bedarf sei.

Einen ähnlichen Effekt hatten wir bereits vor 10 Jahren, bei der ersten Auflage unseres Adventskalenders. Zu Beginn des neuen Jahres erhielten wir die Nachricht eines Forenmitglieds, mit der Information, dass man alle 24

Adventskalenderblätter ausgedruckt und diese mit dem Team besprochen habe, sich jedoch mit der Umsetzung schwer tun würde. Wie im vorher geschilderten Fall wurde mittels Fachartikel und Beiträgen das Vertrauen und die Glaubwürdigkeit für die jeweilige Kompetenz aufgebaut, und aus der Ferne ein externer Dienstleister beauftragt, ohne diesem zuvor persönlich begegnet zu sein.

7. Social Media Marketing bei Twitter

Bei Social Media Marketing gilt es in vielen Netzwerken vertreten zu sein, natürlich sollten Sie sich bewusst sein in welchen Netzwerken sich potenzielle Kunden aufhalten. Eine gute Community ist Twitter, dort sind fast alle Zielgruppen vertreten zum Beispiel auch zum Thema Vertrieb und Marketing. Ein Account bei Twitter ist einfach und schnell zu erstellen. Hier gilt es zunächst, die richtige Zielgruppe auszumachen und diese mit Followings, Engagement und Inhalten auf sich aufmerksam zu machen und sie als Fans für sich auf Twitter zu gewinnen.

8 Tipps für Social Media Marketing auf Twitter:

1.) Sie müssen einen passenden und aussagekräftigen Namen für ihre Twitter Fanpage auswählen, dieser sollte möglichst kurz und leicht zu merken sein.

2.) Ihre Kurzbeschreibung sollten Sie mit passenden und interessanten Inhalten füllen.

3.) Folgen Sie interessanten Leuten aus ihrem Themenbereich, somit werden diese auf Sie aufmerksam und mit etwas Glück folgen diese Kontakte Sie zurück.

4.) Nutzen Sie die Retweetfunktion von Twitter, um interessante Beiträge von Kontakten weiterzuempfehlen. Damit können Sie eigene Inhalte ergänzen und gleichzeitig Kontakte zu anderen Leuten auf Twitter knüpfen.

5.) Sie können eigene Blogposts automatisch „vertwittern". Die Automatik hat den Vorteil, dass keiner Ihrer Posts vergessen wird. Beim manuellen „Vertwittern" haben Sie den Vorteil, dass Sie die Überschriften anpassen können.

6.) Sie sollten Ihre Follower bei Twitter nicht mit stets denselben Werbebotschaften „nerven".

7.) Sie müssen regelmäßig Tweeten und dies mit einem Mehrwert.

8.) Halten Sie sich an die deutsche Rechtschreibung, wenn Sie seriös wirken wollen.

8. Instagram Marketing

Instagram Marketing lohnt sich für eine junge Zielgruppe

Im April 2017 nutzen bereits ca. 700 Millionen Menschen den Social-Media-Kanal Instagram. Davon sind über 15 Millionen User aus Deutschland. Damit hat sich die Nutzerzahl in Deutschland seit dem Januar 2016 fast verdoppelt. Täglich werden weltweit etwa 80 Millionen Fotos hochgeladen und die Likes der Nutzer belaufen sich auf 4,2 Milliarden pro Tag. Genau diesen Trend können Unternehmen nutzen, um mit ihren Kunden zu interagieren, ihre Reichweite zu erhöhen und für ihre Produkte zu werben.

Immerhin folgt in etwa die Hälfte aller Instagram-Nutzer mindestens einem Unternehmen.

Somit spielt Instagram Marketing für Unternehmen eine immer wichtige Rolle. Vor allem für Unternehmen, welche junge Leute erreichen will. Denn über die Hälfte aller Instagram Nutzer sind zwischen 13 und 24 Jahre alt. Etwa 20 % machen die 25- bis 29 Jährigen aus. Da Instagram immer beliebter wird, zeigen wir Ihnen Tipps wie Sie erfolgreich Instagram Marketing betreiben.

Wie funktioniert Instagram überhaupt?

Instagram ist ein soziales Netzwerk und Sharing-Portal in einem. Im Gegensatz zu anderen sozialen Netzwerken dreht sich hier alles um Fotos und Videos. Auf der Plattform können User eigene Videos und Fotos hochladen, diese teilen und die Werke anderer Nutzer kommentieren und liken. Das soziale Netzwerk wird überwiegend mit Smartphones und Tablets genutzt. Auf dem Smartphone aufgenommene Bilder können direkt in die App geladen und geteilt werden. Die Postings lassen sich dabei mithilfe von Hashtags (#) bestimmten Themen zuordnen und übersichtlich gestalten. Außerdem können auch sogenannte Storys und Live Videos genutzt werden. Storys werden den Abonnenten für 24 Stunden angezeigt und können kommentiert werden. Die Funktion hat sich Instagram von Snapchat abgeschaut. Instagram Live Videos sind eine neue Funktion für die Instagram Storys. Sie werden nicht gespeichert und können nach dem Stream nicht mehr angesehen werden. Mit all diesen Funktionen können Sie erfolgreich Instagram Marketing betreiben.

5 Tipps für erfolgreiches Instagram Marketing

1.) Liken Sie andere Unternehmen - In der Regel verlinkt man keine fremden oder konkurrierende Unternehmen. Aber bei Instagram schon. Wenn Sie wollen das Ihre Followerzahl anfangs schnell wächst, dann folgen Sie jedem der in Ihrem Bereich tätig ist oder der die gleichen Interessen und Kompetenzen hat. Verlinken Sie auch Produkte anderen Unternehmen, falls diese auf Ihrem Foto erscheinen. Dadurch bekommen Sie Herzchen und vielleicht auch ein paar neue Follower.

2.) Zeigen Sie mehr Emotionen durch kreativen Content - Bei Ihrer Content Strategie sollten Emotionen eine wichtige Rolle spielen. Sie nicht nur seriöse Business- Veranstaltungen, sondern versuchen Sie alle Facetten des Arbeitsalltages einzusetzen. Teilen Sie beispielsweise Bilder von der Mittagspause oder von der Jubiläumsfeier. Damit geben Sie Ihrem Unternehmen ein Gesicht und zeigen somit den Spaß und die Freude bei der Arbeit.

3.) Hashtag etablieren - Hashtags werden entwickelt, um eine Art Fotoalbum anzulegen. Jedes Foto, welches mit dem gleichen Hashtag verlinkt wurde, erscheint dann auf einer Seite. So hat der Hashtag #makebikeportraits von Levis Germany rund 6300 Instagrammer dazu gebracht ein Foto von Rädern zu Posten. Dadurch bekam Levis eine höhere Reichweite und es gab ein Gewinnspiel. Vermeiden Sie am besten zu viele Hashtags in einem Beitrag zu setzen. Die restlichen Hashtags können Sie separat in einem Kommentar setzten und so bleiben diese Hashtags „versteckt".

4.) Nutzen Sie Videos und sorgen Sie für eine hohe Qualität der Posts - Auch Bewegt-Bilder spielen eine wichtige Rolle im Bereich des Content Marketing und insbesondere beim Instagram Marketing. Früher konnte man auf Instagram nur 15-Sekunden- Clips hochladen. Mittlerweile darf einVideo eine ganze Minute dauern. Mit kreativen Ideen können Sie auf diese Weise Followern mehr Unterhaltung oder Advertisement liefern. Sorgen Sie außerdem dafür, dass Ihre Fotos und Videos eine hohe Qualität aufweisen. Mit dem Smartphone geschossene Fotos reichen da meistens nicht aus.

5.) Verbinden Sie Ihren Instagram Account mit Facebook, Twitter & Co - Es ist sehr wichtig die existierenden Social Media Kanäle miteinander zu verknüpfen. Wenn verschiedene Inhalte auf den unterschiedlichsten sozialen Netzwerken zu sehen sind, dann wird die Marke oder das Produkt für Follower und Fans greifbarer. Durch das verbinden Ihres Instagram Accounts mit Ihrer Facebook und Twitter Seite erreichen Sie mehr Visibility.

5 Beispiele für vorbildliches Instagram Marketing

Einige Unternehmen haben es bereits vorgemacht und gezeigt wie Instagram Marketing richtig funktioniert. Wir stellen Ihnen davon drei Unternehmen aus Deutschland vor.

1.) dm Deutschland

Mit mehr als 1,2 Millionen Followern gehört der Account der Drogeriekette **dm** zu den deutschen Unternehmen mit den meisten Followern überhaupt. Die große Reichweite hat das Unternehmen ihrer hohen visuellen und inhaltlichen Standards und ihren professionell ausgeleuchteten Bildern zu verdanken. Die Drogeriekette betreibt gutes Instagram Marketing, da sie meistens schnell und präzise antworten, wenn es beispielsweise um aktuelle Preise oder Inhaltsstoffe geht. Das Unternehmen bietet vor allem Mehwert-Content an, wie beispielsweise Tutorial-Videos oder auch Gewinnspiele. Dadurch werden die Follower animiert mit der Drogeriekette zu interagieren.

2.) Rossmann

Auch dm's Konkurrent **Rossmann** betreibt mit über 300.000 Followern erfolgreiches Instagram Marketing. Auch aufgrund dessen dass sich Kosmetik generell gut eignet um visuelles Content Marketing zu betreiben. Rossmann setzt zum einen wie dm auf Social-Media-Gewinnspiele, zum anderen legt das Unternehmen großen Wert auf den unternehmenseigenen Blog. So zeigt ein Bild beispielsweise, wie man einen speziellen

Zopf bindet und verweist auf eine Anleitung hierfür mit Link zum Blog. Dabei werden nicht einmal Produkte von Rossmann beworben. Somit kombiniert das Unternehmen mehrere Kanäle um erfolgreiches Online Marketing zu betreiben.

3.) Impericon

Der Intagram-Account von **Impericon** verzeichnet mittlerweile über 85.000 Follower. Das deutsche Unternehmen vertreibt seit mehr als zehn Jahren Merchandise und Tonträger. Bei seinem Instagram Marketing beschränkt sich Impericon nicht nur auf Kleidung und Musik aus der eigenen Produktpalette, sondern bietet auch szenetypische und unterhaltende Inhalte an, wie beispielsweise Konzerte, Tattoos und Memes. Außerdem zeigte das Unternehmen mit einer gelungenen Sommerkampagne wie Instagram Marketing besonders gut funktioniert. Sie forderten ihre Follower auf Bilder von sich und einen Beutel der Marke an Urlaubsorten zu machen und mit einem speziellen Hashtag zu versehen. Anschließend zeigte das Unternehmen in regelmäßigen Abständen ein Best Of. Damit verband das Unternehmen alles: Kundengewinnung und -bindung, Produktmarketing und Markenbildung.

9. Snapchat als Marketinginstrument

Das soziale Netzwerk Snapchat wird immer beliebter. Mittlerweile gibt es rund 150 Millionen aktive Nutzer weltweit. Die meisten „Snapchatter" sind zwischen 16 und 24 Jahren alt. Also treiben sich vorwiegend junge Leute auf der Plattform rum. Dabei verbringt der Durchschnittsnutzer eine halbe Stunde pro Tag. Obwohl die aus Kalifornien stammende App bereits seit 2011 existiert erlebt Snapchat aktuelle einen Riesen-Hype und viele Marketer und Unternehmen fragen sich, wie sie die App zielführend für ihr Marketing nutzen können.

Das Besondere an Snapchat

Zwar ist Snapchat in erster Linie eine Instant-Messenger-App, doch unterscheidet sie sich im Aufbau von ihrer Konkurrenz wie Facebook oder Instagram. Vor allem die älteren Social Media Nutzer haben anfangs Probleme mit den wesentlichen Unterschieden. Zum einen gibt es keinen Newsfeed wie auf Facebook oder Instragram. Bei Snapchat wird einem der Homescreen angezeigt, bei dem man direkt ein Snap erstellen kann. Zum anderen wird die Postinghistorie nicht gespeichert. Die Snaps sind nur für eine begrenzte Zeit sichtbar. Zudem ist der Status nur 24 Stunden zu sehen. Das war damals revolutionär. Somit gibt es auch kein richtiges Profil, auf dem man alte Beiträge nachlesen kann. Außerdem können Beiträge weder geliked noch direkt kommentiert werden.

Die Snapchatter mögen vor allem den Spaßfaktor, den die App beim Erstellen und Teilen der Fotos und Videos bietet. Die App bietet unzählige

Funktionen wie Filter oder Lenses um die Fotos individuell gestalten zu können. Geschätzt wird auch die Möglichkeit durch spontane Snaps am Leben und Alltag anderer teilzuhaben.

Snapchat – Begriffserklärungen

Snap: Bei einem sogenannten „Snap" handelt es sich um ein kürzlich aufgenommenes Video oder Foto. Nach dem Erstellen eines Snaps besteht die Möglichkeit diesen direkt an Freunde zu verschicken, in den Memories zu speichern oder in die Story zu posten. Zusätzlich kann entschieden werden, welche Personen den Snap sehen kann. Entweder jeder oder nur die eigenen Kontakte können dann diesen Snap sehen.

Memories: Dabei handelt es sich um den Speicherort für Snaps. Auf diesen kann jederzeit zugegriffen werden und Snaps können erneut verschickt werden. Wird ein solcher Snap aus den Memories verschickt ist es für den Empfänger auch als solches erkennbar, da ein weißer Rahmen um den Snap erscheint. Zudem ist zu erkennen, wie lange sich der Post schon in den Memories befindet.

Story: Eine Story ist quasi eine Geschichte. Es werden einem mehrere Snaps hintereinander angezeigt. Die Snaps verschwinden innerhalb von 24 Stunden wieder von alleine. So kann auch erst gesehen werden wie viele Freunde man hat, anhand der Views der veröffentlichten Story.

5 Tipps Snapchat als Marketinginstrument zu nutzen

1.) Gutscheine verteilen - Ein Gutschein kann einem Kunden den nötigen Anreiz bieten über Snapchat mit einer Marke zu interagieren. Mit Gutscheinen können nicht nur immer mehr Nutzer auch über Snapchat erreicht werden, sondern auch die Loyalität zur Marke gestärkt werden.

2.) Wettbewerb ausrufen - Da sich in Snapchat alles um Fotos und Videos dreht ist es eine gute Möglichkeit einen Wettbewerb zu starten, bei dem Kunden sich etwas Kreatives in Bezug auf Ihr Unternehmen oder eines Ihrer Produkte ausdenken müssen. Dies kann noch gesteigert werden indem Sie ihre Kunden aufrufen Freunde auf den Bildern zu markieren, um so noch mehr Aufmerksamkeit zu bekommen. Natürlich muss der Gewinner auch belohnt werden

3.) Kunden kreativ mitbestimmen lassen - Lassen Sie Ihre Community kreativ mitarbeiten bzw. mitbestimmen. Beispielsweise in dem Sie Ihre Kunden fragen, ob das Produkt X, Y oder Z in das Sortiment aufgenommen werden soll oder wie das nächste Produkt heißen soll.

4.) Einen Blick hinter die Kulissen - Bieten Sie über Ihren Snapchat-Account Einblicke in Ihr Unternehmen, den Arbeitsalltag oder Making-ofs des letzten Drehs zum neuesten

Werbespot. Zeigen Sie Interesse an Ihrer Community und stellen Sie offen Fragen, wie beispielsweise:"Wo verbringt ihr Euren nächsten Urlaub?". Dadurch geben Sie dem Nutzern das Gefühl, an etwas Besonderem teilzuhaben.

5.) Vorstellung eines neuen Produktes - Verkünden Sie über andere soziale Plattformen, dass Sie demnächst ein ganz neues Produkt auf Ihren Snapchat-Account zeigen werden. Dieses Geheimnis regt wahrscheinlich den einen oder anderen dazu an, Sie über Snapchat als Freund hinzuzufügen. Auch wenn der Kreis der Empfänger klein sein sollte, so kann ein nicht überhebliches Maß an Mund-zu-Mund-Propaganda entstehen.

Snapchat bekommt Konkurrenz

Mittlerweile haben auch Instagram und eine eigene

„Storys"- Funktion veröffentlicht. Auch hier werden die geposteten Inhalte nach 24 Stunden gelöscht. Bei Instagram konnte man allerdings zum ersten Mal Storys mehrmals ansehen und innerhalb einer Story auch zurückspulen. Gefährlich ist Instagram für Snapchat, da das soziale Netzwerk eine enorme Popularität bei ncern und großen Stars besitzt. Zudem haben auch Facebook und WhatsApp ebenfalls die „Storys"-Funktion eingebaut. WhatsApp hat mittlerweile auch den die Status-Funktion von Snapchat abgeschaut. Dies ist ein klares Anzeichen d für, dass das Facebook-Imperium den aufsteigenden Stern Snapchat ernst nimmt. Trotzdem bleibt Snapchat weiterhin bei den jungen Leuten beliebt.

Fazit

Bei richtiger Nutzung kann Snapchat eine große Möglichkeit bieten kostengünstig eine junge Zielgruppe zu erreichen. Die Art, wie Inhalte dargestellt werden und die verschiedenen Möglichkeiten sich zu präsentieren kann einem

Unternehmen

Sympathie und Kundenbindung einbringen. Das wichtigste bei Snapchat ist, dass nicht die Perfektion im Vordergrund steht, sondern Spontanität und Nähe.

10. Xing-Relevanz in der aktuellen Social-Media Wirtschaft

Ist Xing noch ein attraktiver Kommunikationskanal?

Die etwas weniger positiven Stimmen sagen „alles hat seine Zeit und die Zeit von Xing sei abgelaufen". So schätzen viele sogenannte Social-Media Experten und Speaker Xing Kommunikationskanal in der Social-Media Welt falsch ein in dem dieser teils in Ihrem Vorträgen nicht mehr erscheint. Die Ursache liegt sicherlich in der Tatsache, dass Vorträge zuschauerorientiert aufgebaut werden und überwiegend Firmen mit einer B2C-Zielgruppe, die Chancen der Social-Media Welt eigenständig erkennen.

Viele Existenzgründer und Startup-Unternehmen

schreiben in ihren Business-Plänen davon, dass Marketing heute kein Problem mehr sei, dass würde man alles über Facebook sehr einfach lösen können. Wenn das mal kein falscher Mythos ist, zumindest was B2B-Zielgruppen betrifft? Die Ansprache der B2B-Zielansprechpartner ist die Stärke von Xing und dennoch sind viele auf der Plattform nicht erfolgreich. Wenn wir Menschen persönlich auf Veranstaltungen und Messen begegnen und nach deren Erfolgsquoten mit Xing befragen, dann wird es sehr schnell still, wobei es auch Personen gibt die Erfolge ernten.

Unsere persönliche Erfahrungen aus über 20 Jahren Vertriebs- und Marketingpraxis zitieren wir wie folgt:

„Es kommt nicht darauf an das man etwas tut oder nutzt – viel wichtiger ist es wie man es tut oder nutzt!"

Welche Strategie und welche Zielsetzung ist für Xing empfehlenswert?

Wir beobachten immer wieder, dass Xing-Mitglieder die sicherlich im Moment Ihrer Xing- Aktivität denken Sie würden für Ihr Geschäft etwas Gutes tun, genau das Gegenteil tun. Aufgrund von Aktionismus ohne dabei eine klare Strategie zu verfolgen, verlieren viele Xing-Mitglieder Ihre Glaubwürdigkeit und entwickeln ein Spammer-Image. Die oft gelebten Strategien „Mehr-ist- Mehr" oder „Quantität statt Qualität" funktionieren auf einer qualifizierte Plattform nicht, wobei das „Gesetz der großen Zahl" in den Massenmärkten (B2C) funktionieren kann. Der direkte Draht zu den jeweiligen Verantwortlichen in einem Unternehmen muss sensibel und mit Niveau aufgebaut und genutzt werden. Zu empfehlen ist das GUN-Prinzip (Geben und Nehmen), jedoch mit ernsthaften Mehrwerten und nicht nur mit werblichen Lockmitteln oder fiktiven Pseudo-Rabatten.

Hilft ein Xing-Seminar weiter?

Xing ist strenggenommen nur eine gehostete Softwarelösung, die Frage ist was man daraus macht. Ein Klassiker auf der Plattform Xing sind z.B. mehrere Funktionen die wir in der eigenen Prais zweckentfremden und aus Effizienzgründen anders nutzen, als es klassisch in einer Xing-Schulung gelehrt wird, in der nur die „Software" geschult wird.

Tipp für die zu nutzenden Funktionsebenen:

Auch auf Xing suchen gezielt Menschen andere Menschen. Der Mensch macht die Suche interessant und gewinnt sowohl die Glaubwürdigkeit als auch das Vertrauen. Fokussieren Sie sich daher auf die personenbezogenen Xing-Funktionen und nicht auf die unternehmensdarstellenden Xing- Funktionen.

11. Influencer Marketing

Was ist Influencer Marketing überhaupt?

Früher warben Stars vor dem Fernseher und auf Plakaten. Doch heutzutage werben immer mehr sogenannter Influencer auf sozialen Netzwerken wie Facebook, YouTube, Instagram, Snapchat und Co. Influencer Marketing kommt vom englischen Wort „to influece", welches auf Deutsch übersetzt „beeinflussen" heißt. Dabei werden gezielt Meinungsmacher – also Influencer – mit einer reichweitenstarken Community für Marketing- und Kommunikationszwecke eingesetzt.

Das Ziel beim Influencer Marketing ist es, auf Grundlage des Vertrauens der jeweiligen Zielgruppe zu den Influencern, die Wertigkeit und Glaubwürdigkeit der eigenen Marke zu steigern. Marken- oder Produktfürsprecher zu gewinnen, die als Experten auf bestimmten Themengebieten gefragt sind ist eine der Hauptaufgaben beim Influencer Marketing. Dadurch können Influencer beispielsweise Einfluss auf die Bewertung und Beurteilung von Produkten, Dienstleistungen oder Marken ausüben.

Zum einen ist dies der Grund weshalb mittlerweile ein Großteil der deutschen Unternehmen Influencer als Markenbotschafter nutzen. Zum Anderen ist die Reichweite mancher Influencer extrem hoch. Einige von ihnen verzeichnen über mehrere Millionen Follower. Influencer Marketing kann auf allen Social Media Plattformen betrieben werden.

Micro Influencer Marketing

Nicht nur die dicken Fische sind für Unternehmen interessant. Auch kleine Influencer, sogenannte Micro Influencer, welche 10.000 bis 30.000 Follower verzeichnen sind für Unternehmen sehr attraktiv. Bei denen ist nämlich die Interaktionsrate viel Höher als bei den Influencern mit mehreren Millionen Follower. Besonders vorteilhaft sind Micro Influencer bei kleineren Marken und Unternehmen mit Nischenprodukten. Außerdem kosten Micro Influencer weniger als die „Superstars", wodurch man das Marketingbudget geringer halten kann. Zudem sind die Glaubwürdigkeit und das Vertrauen meist höher.

Chancen beim Influencer Marketing

Meistens genießen die Influencer bei ihrer Zielgruppe großes Vertrauen, der direkt auf die vorgestellten Produkte, Dienstleistungen oder Inhalte abfärbt. Den Erfolg dabei sieht man deutlich, denn rund die Hälfte der Unternehmen erzielen mit Influencer Marketing eine Rendite von 100 %. Einige wenige sogar das 20-fache ihrer Investition laut einer Studie von A.T. Kearney. Außerdem geben Unternehmen die Kontrolle über Produktion und Gestaltung großteils an den Influencer ab. Dadurch kann er, falls die Chemie zwischen beiden Parteien stimmt, seine eigenen Ideen und seine ganze Kreativität einsetzen, um somit den größtmöglichen Erfolg und Glaubwürdigkeit zu erzielen. Ein weiterer Vorteil ist, dass Influencer Marketing im Vergleich zu klassischer Werbung viel kostengünstiger ist.

Bei Influencer Marketing kann man im Durchschnitt pro Post mit 5.000 bis 10.000 Euro rechnen. Wobei dieser Post dann aber dauerhaft erreichbar und jederzeit sichtbar ist. Die Kosten bei einem

Werbespot können sich je nach Sender, Monat, Wochentag, Zeit und Länge auf bis weit über 100.000 Euro belaufen. Hierbei sollte man beachten, dass ein Werbespot durch Mindestlaufzeit und Ausstrahlfrequenz beschränkt wird.

Risiken beim Influencer Marketing

Wie bereits erwähnt gibt das Unternehmen die Kontrolle über Produktion und Gestaltung größtenteils an den Influencer ab. Neben dem genannten Vorteil kann dies auch ein Nachteil sein. Da das Unternehmen keinen direkten Einfluss mehr nehmen kann, besteht die Gefahr, dass eine Kampagne auch mal schief läuft. Zudem nimmt die Zahl von Bots zu, welche dafür sorgen dass die Followerzahl schnell zunimmt. Dadurch kann ein Unternehmen irritiert werden und mit einem gefakten

Influencer werben. Wodurch natürlich kein Erfolg verzeichnet werden kann. Außerdem wird es immer schwerer für Influencer zu ihren Followern durchzudringen. Da es zum einen viele Nachahmer gibt und zum anderen die Follower nach dem 1000. Bild derselben Marke und desselben Produkts gelangweilt sind.

Influencer Marketing gerät auch immer mehr in Verruf, da es des Öfteren an der Transparenz mangelt. So gab es immer wieder mal Fälle wo große Influencer Produktplatzierungen gar nicht oder unzureichend gekennzeichnet haben, um somit ihre Fans bewusst zu manipulieren. Erst kürzlich landete ein Fall vor dem Oberlandesgericht Celle wegen der Verwendung des Hashtags „#ad". Danach genügt der Hashtag in bestimmten Fällen nicht zur ausreichenden Kennzeichnung. Laut Urteil muss die Kennzeichnung im Influencer Marketing stets deutlich sein und so erfolgen, dass der kommerzielle Zweck des Posts auf den ersten Blick ersichtlich ist.

3 Tipps für erfolgreiches Influencer Marketing

1.) Der Influencer muss zu Ihrer Marke passen - Achten Sie bei der Auswahl eines Influencers nicht auf die größte Followerzahl. Einige Influencer haben – wie bereits erwähnt – unter ihren Followern Fake-Account und Bots, sowie andere Influencer, welche über die Verbindung nur ihren eigenen Account bewerben wollen. Natürlich gibt es einige Möglichkeiten herauszufinden ob die Follower gefaket sind, doch werden auch da einige übersehen. Konzentrieren Sie sich lieber von Anfang an auf Accounts deren Abonnenten auch Ihrer Zielgruppe entsprechen könnten. Am besten konzentrieren Sie sich bei Micro Influencern, da diese ihre Follower meist durch das Interesse am Content haben.

2.) Achten Sie auf die Interaktionsrate - Nicht nur wegen der Zielgruppe ist es sinnvoll auf

Micro Influencer zu setzen. Sondern auch wegen der meist höheren Interaktionsrate im Vergleich zu den bekannten Social Media Stars. Meist liegt es daran, dass die Micro Influencer mit weniger Followern eine viel stärkere Bindung zu diesen aufbauen. Außerdem schenken die Abonnenten ihm mehr Vertrauen, denn ein Micro Influencer ist oft greifbarer und echter. Die großen Stars der Social Media Szene erreichen meist nur eine Interaktionsrate von 0,5 %, da viele Menschen gerne verschiedenen Berühmtheiten folgen, ohne wirklich mit ihnen zu interagieren. Suchen Sie sich am besten Influencer mit einer Interaktionsrate von 3 % um den bestmöglichen Erfolg zu erzielen.

3.) Lassen Sie Influencer kreativen FreiraumZu viele Einschränkungen und Vorgaben behindern die Influencer und lassen sie unnatürlich und gestellt wirken.

Nur wenn der Kreativität freien Lauf gelassen wird kann eine fruchtbare Beziehung aufgebaut werden. Wenn Sie also Influencern ausreichend Freiheit lassen, dann bekommen Sie interessante und reichweitenstarke Beiträge. Diese werden den Followern auf einer gewohnten und entsprechend natürlichen Art und Weise präsentiert. Dadurch muss der Influencer sich nicht verstellen und die Abonnenten ärgern sich nicht über unpassend wirkende Beiträge.

12. Dark Social – Immer mehr Shares unter dem Radar

Social Traffic, der von Analyse-Tools nicht eindeutig erfasst werden kann fällt unter den Begriff Dark Social. Normalerweise werden die meisten Inhalte

über Facebook geteilt. Doch es vergrößert sich immer mehr die Anzahl an Shares über Mobile Messenger, wie beispielsweise WhatsApp oder dem Facebook Messenger. Man spricht hier von Dark Social, da die Quelle bei Mobile Messenger Shares und kopierten Links nicht genau identifiziert werden kann. Der Hauptgrund dafür ist die fehlende Weitergabe der Referrals, die Analyse-Tools als Information benötigen, um die Quelle richtig einzuordnen.

Dark Social steht für Ono-to-One Kommunikation, da man gezielt einzelne Kontakte erreichen möchte.

Ein Beispiel: Sie lesen einen Artikel im Netz und möchten ihn mit Ihrem Arbeitskollegen teilen. Also kopieren Sie die Browser-URL in eine E-Mail und schicken sie an Ihren Kollegen. Das Ergebnis: Dark Social!

Dark Social – die Geschichte des Begriffs

Das Web 2.0 brachte die große Neuerung, dass jeder Nutzer selbst aktiv zu der Verteilung des Contents beiträgt und somit die Möglichkeit, dass es zum Dark Social gekommen ist. Alexis C. Madrigal, der Senior Editor der amerikanischen Zeitschrift „The Atlantic", sprach zum ersten Mal von dem Begriff „Dark Social". Seiner Meinung nach werden die öffentlichen sozialen Netzwerke wie Twitter oder Facebook gravierend überschätzt. Der Großteil geteilter Links geschieht über nichteinsehbare Dienste wie E-Mail oder Instant Messenger. Aufgefallen ist Madrigal dies, da die Seite des „The Atlantic" sehr hohe Seitenaufrufe für einzelne Beiträge mit sehr langen Webadressen hatte, die jedoch keiner Quelle zugeordnet werden konnten.

Dark Social wächst weiter

Bei dem neuen Report „The Dark Side of MobileSharing" von RadiumOne, wo das Verhalten von 940Millionen Nutzer analysiert wurde, zeigt dass die On-Site Shares, die dem Dark Social Kanal zugeordnet werden können, in den letzten zwei Jahren um 15 Prozent angestiegen sind. Damals waren es noch 69 Prozent und heute sind es mittlerweile 84 Prozent. Angeblich soll auch der Anteil von Dark Social Shares größer sein als der von Facebook Shares. Ein Grund für diesen Trend sind die mobilen Geräte. Mit diesen greifen User vermehrt auf die Möglichkeit zurück privat zu teilen. Dadurch wir ein sauberes Tracking verhindert. Der Anteil des Contents, der weltweit via Mobile über Dark Social Kanäle geteilt wird beläuft sich laut dem Report auf 82 Prozent. Über Facebook hingegen geschehen lediglich 10 Prozent aller Shares. Die restlichen 8 Prozent beanspruchen alle anderen sozialen Netzwerke.

3 Wege um trotzdem an die Kennzahlen zu kommen

1.) **URL's** - Eine Möglichkeit sind die Customised- oder Kurz-URL's. Sie sind unter den Quellen des Analytics Dashboards aufgelistet und somit klar erkennbar. URL-Builder-Tools erstellen diese URL's für einzelne Seiten. Dadurch kann besser nachvollzogen werden, woher ein Besucher kommt. Kurz-URL's über Dienste wie ow.ly oder bit.ly sind weitere Möglichkeiten.

2.) **Visits** - Einen direkten Hinweis, aus welchen Berei- chen die Besucher kommen geben die direkten Seitenzugriffe. Desto länger eine URL, umso höher ist die Wahrscheinlichkeit, dass der Besucher den Links aus Dark Social angeklickt hat. Denn niemand möchte eine lange URL per Hand eintippen.

3.) **Share** - Share-Buttons eignen sich gut um an die Kennzahlen zu kommen. Sie machen die Besuche direkt nachvollziehbar. Dazu werden nach verfolgbare URL's vergeben. Deswegen sollte immer darauf geachtet werden, dass die Share-Buttons leicht zu finden sind.

3 Gründe, weshalb ein Unternehmen Dark Social nicht ignorieren darf

1.) Es bietet eine großartige Marketing-chance - Die gewonnenen Daten aus Dark Social liefern detaillierte Informationen zu den wahren Verbraucherinteressen. Somit kann sich ein Unternehmen mit den Informationen vertraut machen und besser auf die Zielgruppe eingehen.

2.) In vielen Branchen überwiegt das private Teilen - In den Bereichen wie beispielsweise private Finanzplanung, Essen und Trinken,

Reisen oder Führungskräftevermittlung werden mehr als 70 Prozent über Dark Social geteilt.

3.) **Eine Gruppe nutzt Dark Social am meisten** - Aus dem Report von RadiumOne geht hervor, dass 46 Prozent der Verbraucher im

Altern von 55 Jahren und darüber Inhalte ausschließlich privat teilen. Bei den 16 – 34 Jährigen sind es nur 19 Prozent.

Fazit

Es ist und bleibt ein Phänomen, das nur schwer in den Griff zu bekommen scheint. Man kann nur schätzen, wie sehr einen Dark Social beeinflusst, denn die optimale Lösung für das Problem gibt es noch nicht. Dennoch sollte man es nicht aus dem Blick verlieren um den Traffic im Auge zu behalten. Wenn sich ein Unternehmen genausten damit befasst, kann es schließlich einen großen Nutzen davon ziehen.

13. CPM – Was steckt hinter den Cost-per-Mille?

CPM ist die Abkürzung für Cost-per-Mille oder auch Cost-per-100-Impressions. Der Begriff CPM beschreibt ein Modell, welches dazu dient, die Kosten für online geschaltete Werbemaßnahmen ab- und zu berechnen. Oftmals wird auch das Synonym TKP also Tausender-Kontakt-Preis benutzt. Bei dem Modell wird ermittelt wie viel ein Unternehmen für die Schaltung einer Anzeige bezahlen muss. Ein Unternehmen zahlt für 1000 Aufrufe seiner Anzeige. Beim CPM Modell ist eine rein quantitative Kostenbetrachtung, da die Qualität der Kontakte nicht berücksichtigt wird, also ob die Botschaft überhaupt wahrgenommen wird.

CPM – Die Funktionsweise

Im Vorfeld wird eine bestimmte Summe ausgemacht, die pro 1000 Sichtungen der entsprechenden Werbeanzeige fällig wird. Die Höhe der Summe ist dabei abhängig von der Qualität der Zielgruppen. So haben beispielsweise Business-to- Business-Seiten einen höheren CPM als Business-to-Consumer-Seiten. Weitere Faktor für den Preis sind die Bekanntheit, die Anzahl der Internetseitenbesucher und Qualität der Webseite.

CPM – Wie funktioniert die Berechnung?

Die Formel zur Berechnung des CPM lautet folgendermaßen:

CPM = Kosten / Bruttoreichweite x 100

Dazu ein kurzes Beispiel zur Erläuterung:
Eine Anzeige auf einer Webseite erreicht 2 Millionen Leser und kostet 10.000 €.
CPM = (10.000 € / 2.000.000) * 1.000 = 5 €.

CPM – Umstellung auf vCPM

Ab diesem Jahr wird das Modell von der Gebotsstrategie „Sichtbarer CPM" abgelöst und bestehende CPM-Gebote automatisch auf vCPM-Gebote umgestellt. Bei dem neuen

Modell bezahlen Sie nur, wenn Ihre Anzeige von Nutzern gesehen werden kann. Dies bedeutet Sie geben Gebote dafür ab, dass Ihre Anzeige auf dem jeweiligen Placement an einer Position platziert wird, an der sie auch wirklich zu sehen ist. Eine Anzeige gilt als „sichtbar", wenn 50 % der Anzeige mindestens für eine Sekunde (Displayanzeige) bzw. zwei Sekunden lang (Videoanzeigen) auf dem Bildschirm zu sehen sind. Der Vorteil ist, dass Sie nur für sichtbare Impressionen zahlen und Ihre Gebote werden so optimiert, dass Anzeigeflächen bevorzugt werden, die mit größerer Wahrscheinlichkeit sichtbar sind.

CPM bzw. vCPM – Für wen ist es geeignet?

Wenn Sie vor allem Aufmerksamkeit erzielen möchte und wenn es Ihnen nicht so sehr darum geht, Klicks oder Zugriffe zu generieren, dann ist dieses Modell für Sie geeignet. Wenn Sie es aber eher mit Ihrer Kampagne auf eine Direct-Responsedes Kunden abzielen, beispielsweise den Kauf eines Produkts oder das Ausfüllen eines Formulars, dann kann es besser sein ein anderes Abrechnungsmodell wie beispielsweise das CPC-Modell zu nutzen.

14. Social-Media-Trends 2018 im Überblick

Das Social-Media-Marketing ist schnelllebig und befindet sich im ständigen Wandel. Die sozialen Plattformen probieren immer wieder neue Features aus, um sich gegen die harte Konkurrenz durchzusetzen und ganz oben mitmischen zu können. So kopierten 2017 Instagram und Facebook die Story-Funktion von Snapchat, um die Nutzer wieder zu sich zu holen. Auch 2018 erwarten uns spannende neue Social-Media-Trends und wir zeigen Ihnen die Social-Media-Trends

Social-Media-Trends 2018: Chatbots

Die ständige Verfügbarkeit und die Schnelllebigkeit des Internets führt dazu, dass die Kunden sofort eine Antwort auf ihre Fragen erwarten. Diesen Anspruch können Unternehmen jedoch kaum noch erfüllen und greifen immer häufiger auf Chatbots zurück. Bereits jetzt setzen schon einige große deutsche Unternehmen auf Chatbots. Zudem gibt es laut Facebook bereits über 100.000 Bots im Facebook-Messenger.

Dieser Trend wird sich auch 2018 fortsetzen. Vor allem für Unternehmen mit tausenden Followern ist ein Chatbot sinnvoll, da es unmöglich ist jedem einzelnen Kunden individuell und persönlich zu antworten. Chatbots hingegen können eine Eins-zu-Eins-Interaktion mit dem Kunden schaffen und ihm so das Gefühl geben persönlich angesprochen zu werden. Gefallen tut uns dieser Trend nicht, da wir Freunde der individuellen Interaktion sind. Die Livechats auf unseren Internetseiten betreiben wir ohne Chatbots und fallen diesem Trend zum Opfer, da erst einmal bezweifelt wird, dass wirklich ein Mensch auf unserer Seite sitzt. Dies führt zu interessanten Einstiegsformulierungen, über die man sicherlich ein amüsantes Buch schreiben könnte. Die Vermutung hält jedoch leider auch davon ab, den schnellsten Weg, auch außerhalb der üblichen Geschäftszeiten, als direkten Draht zu nutzen.

Probieren Sie gerne unsere Livechats aus.

Social-Media-Trends 2018: Augmented Reality

Augmented Reality ist auf dem besten Weg im Jahr 2018 eine große Masse an Menschen zu erreichen. Im Gegensatz zur Virtual Reality taucht der Nutzer nicht vollständig in eine virtuelle Realität ein, sondern bringt virtuelle Inhalte in die eigene Realität.

Bestes Beispiel für Augmented Reality ist Pokemon GoFür die Nutzung reicht das Smartphone schon aus. Mithilfe der Kamera lassen sich beispielsweise digital erstellte Objekte in die Aufnahme integrieren. Ob Augmented Reality angekommen ist, sieht man beim Technologieunternehmen Apple. Die aktuellsten Smartphones von Apple, das iPhone 8 und das iPhone X, sind mit der entsprechenden Software ausgestattet, um Augmented Reality Inhalte zu erleben. Am Beispiel von Pokemen Go sieht man, dass diese Technologie im Mobile Gaming Bereich bereits weit verbreitet ist. Aber auch für den Social Media Bereich ergeben sich neue Möglichkeiten. So könnten Instagram und Snapchat auch Augmented Reality nutzen, um neue Filter zu erstellen, in denen Produkte von Marken eingebaut sind.

Social-Media-Trends 2018: Instagram Storys

2017 hat Instagram die Story Funktion von Snapchat kopiert und seinem größten Konkurrenten den wichtigsten Wettbewerbsvorteil geklaut. Mittlerweile hat Instagram Snapchat längst überholt, was die Storys angeht. Seit neuestem bietet Instagram seinen Usern zusätzlich die Möglichkeit, Storys auch in der Desktop

Version zu sehen. Bei den meisten Privatpersonen gehört diese Funktion mittlerweile schon zum Alltag. Nun sollten auch Werbetreibende diese Funktion für sich nutzen. Schließlich lassen sich durch die Informationen durch Storys, durch die verschiedenen Funktionen, Produkte und Marken noch genauer an die Bedürfnisse ausrichten. Die kurze Haltbarkeit einer Story (24 Stunden) und die Länge von 3-60 Sekunden eignen sich hervorragend für snackable Content. Vor allem bei der Generation Z ist solcher Content sehr beliebt.

Social-Media-Trends 2018: Digital Hangouts

Durch den Wunsch der Generation Z, immer und überall miteinander vernetzt zu sein und gemeinsam abzuhängen, wurde eine neue Apps wie Houseparty hervorgebracht. Diese App ermöglicht es dem Nutzer einen Video-Chat mit bis zu acht Personen gleichzeitig zu führen. In den Vereinigten Staaten ist die App bereits ein Erfolg und zählt zu den erfolgreichsten Social Media Trends. Es ist abzuwarten, ob die großen sozialen Netzwerke wie Facebook oder Instagram auch auf den Trend aufspringen und zukünftig ähnliche Features entwickeln werden. Ob sich dies zu einem großen Erfolg entwickelt, werden wir 2018 sehen.

Social-Media-Trends 2018: Influencer Marketing

Auch das Influencer Marketing wird 2018 nicht an Bedeutung verlieren. Ganz im Gegenteil spielt, es spielt eine immer größere Rolle im Marketingmix und kann Marken dabei helfen, ihre Zielgruppe authentisch zu erreichen. Allerdings verlangen bekannte Social-Media-Stars mittlerweile sehr hohe Gagen. Dadurch wird es vor allem ein Wachstum im Bereich der Micro Influencer geben. Bei Micro Influencer handelt es sich um Influencer

mit einer geringeren Follower-Anzahl. Durch die niedrigere Anzahl an Followern sind sie noch näher an ihrer Community und vermitteln mehr Authentizität.

Social-Media-Trends 2018: Live-Streaming

Auch Live-Streaming wird an Bedeutung weiterhin zunehmen, da es Marken und Produkte für die User erlebbar macht. Das Erstellen von Live Content wird von sozialen Netzwerken wie Instagram, Twitter,

Facebook oder Snapchat ermöglicht. Durch den Einsatz von Live- Videos schaffen Unternehmen ein weitaus verbindlicheres Engagement ihrer Zielgruppe, da sich diejenigen, die es nicht interessiert, schlichtweg nicht beteiligen.

Diejenigen, die sich das Live-Video ansehen, sind bereit ihre Aufmerksamkeit darauf zu richten und zu interagieren. Die Firma Goruck zeigte, wie erfolgreich Live Content sein kann. Der Rucksack Hersteller hat mit einer interessanten Kampagne eine Menge Zuschauer vor die Bildschirme geholt. Das Unternehmen veranstaltete einen 48 Stunden Ausdauerlauf. Diesen konnten die User live im Livestream begleiten. Während des gesamten Livestreams war das eigene Produkt stets präsent.